Plaidoyer politique

D'UN VRAI

PATRIOTE LYONNAIS,

EN VERS AVEC NOTES TRÈS CURIEUSES,
TEL QU'IL A ÉTÉ LU A LA COUR D'ASSISES DE RIOM
(PUY-DE-DÔME),

Le 26 novembre 1832.

DÉDIÉ

A M. l'Avocat Bayle,

DÉFENSEUR D'OFFICE DE L. M. PERENON, HOMME DE LETTRE,
ACCUSÉ D'ÉTRE SEUL AUTEUR DE LA PROCLAMATION LYONNAISE,
IMPROVISÉE AU 23 NOVEMBRE 1831.

LYON.

IMPRIM. DE J. PERRET, RUE ST-DOMINIQUE, N° 13.

1833.

PLAIDOYER POLITIQUE

d'un vrai

PATRIOTE LYONNAIS.

———

C'est devant vous, Messieurs, qu'une cabale amène
Un pur ami du peuple , un enfant de Lyon,
Favori de Clio, Thalie et Melpomène,
Il réclame à Thémis force et protection.

En serait-il déçu, sacrée est la défense ?
Son droit, celui de tous, montre à tous le devoir.
Loin d'ici passion, haine , mépris, vengeance.
L'impartialité fait honneur au pouvoir.

Pour d'utiles travaux j'eusse eu l'académie ,
Mais la première fois en butte aux délateurs ,
Je parais en Assises, en victime ennemie,
Voire en certains journaux, j'eus des épilogueurs.

Le vrai seul doit trouver vos ames attentives ,
Exposons de Lyon tous les faits sans détours :
Et devant le malheur vos plaintes seront vives ,
L'égoïsme du riche a produit nos trois jours !

L'aristocrate d'or , ne rêvant que ruine ,
Offre un duel public à l'ouvrier sans espoir ,
Un tarif est signé par discorde intestine ,
Porte le prolétaire au dernier désespoir.

Qui pour sommation ne veut donc que la force?..
C'est toute autorité qui méconnait les lois,
Prétend irresponsable attaquer tous les droits ;
Le peuple s'y connaît quand il s'agit d'amorce.

Tout abus de pouvoir appelle un autre abus :
D'un noir volcan de sang la première secousse
Sort du sein du faubourg appelé la Croix-Rousse ;
La force a craint le droit des ouvriers non vaincus...

Au parjure agresseur s'oppose la devise :
Tout ouvrier lyonnais, veut *vivre en travaillant*,
Ou pour son droit sacré, *mourir en combattant*,
Son lugubre drapeau prouve assez la franchise.

Vous peindrai-je, Messieurs, les femmes, les enfans
Expirans sous le plomb, sous d'horribles mitrailles,
Les dragons tout sabrer, foulant mille innocens,
Le commerce acharné fait souiller nos murailles!

Et cent chefs animant de barbares soldats,
Poursuivre sans sujet, amis, voisin et frère,
Accablant nos vieillards du fracas de la guerre :
J'ai vu cent curieux tomber d'assassinats!

Dirigeant son canon et poussant l'infamie,
Sur un groupe du sexe on vit un artilleur
Fier demander pour prix la digne croix d'honneur,
Eh bien! ce chef cruel est, dit-on, du génie.

Ciel! la mère et la fille, et l'épouse et l'époux,
Jusque dans leurs maisons sont atteints et périssent
L'un sur l'autre tombant percés de mille coups.
L'airain vomit la mort, les visages pâlissent!

Que de positions reprises plusieurs fois!....
Aux balles, aux boulets, au sifflement horrible

De lourde explosion, d'écroulement de toits,
Succède du trépas le silence terrible.

Cent malédictions burinent cent forfaits,
Le sang ruisselle et fume, un tarif est la clause;
Sur le quai, dans la rue au carnage on s'expose,
Ce sont des citoyens, français contre français.

Un général est pris quand le préfet s'avance,
On les retient tous deux, puis les rend sans rançon.
Plus de sang foi d'honneur, ils promettent d'avance
Qu'on aura du tarif stricte exécution !

Rien ne parait sacré jusqu'aux parlementaires ;
L'infortuné Chabut étranglé vient périr,
Sous le regard meurtrier de l'hôtel des sicaires.
Feux, temps sombre et tocsin tout trouble et fait frémir.

De cent coups redoublés l'air retentit et fume
Là, le son du clairon, là, le bruit du tambour
Portent triple hécatombe aux échos d'alentour.
Ma main d'horreur se glace et fait tomber ma plume.

Le théâtre a changé mais non pas le trépas !
Lors, par Saint-Clair Roguet signale son passage,
Les barricades font tomber trois cents soldats :
Un aide de camp mort glacerait le courage !

Acharné, l'on se bat, l'ouvrier seul est vainqueur.
Roguet fuit, l'on est fier sous la sombre bannière,
D'incendie et pillage on a partout horreur,
La probité, Lyon, fait ton beau caractère !

Il fut, ce long duel qu'on pouvait prévenir
Si l'on m'eût écouté, point de larmes versées,
Point de longs flots de sang, de combats à finir ;
Et Lyon n'eût point vu ses muses dispersées.

Mais déplorable effet de la fatalité,
On vit le mal affreux d'affreux incendiaires,
Choisis pour faire honnir l'abus de liberté,
Pour salir les beaux faits de nos classes ouvrières.

Moi-même, le mardi j'étais à Bellecour,
Luttant contre le crime, et dans ce corps de garde
Où de la flamme enfin j'eusse arrêté le cours
Si l'on m'eût secondé : la foule me regarde !

On crie aristocrate à mon appel d'honneur,
M'y faudra-t-il périr des mains de gens infames ;
Le combustible en feu s'oppose à ma vigueur :
Armé d'un des débris, je lutte et sors des flammes.

Sans me déconcerter je veille aux monumens.
La foule est en émoi : j'adresse la parole,
Et ma voix réunit assez d'honnêtes gens :
Louis-le-Grand, Bellecour sont sauvés dans ce rôle.

Hélas ! au même instant mon frère périssait
Ailleurs, assassiné victime de son zèle,
A porter des blessés que son cœur soulageait :
Mais aux yeux du commerce il était, là, rebelle.

Le mercredi ne vient qu'éclairer nos malheurs ;
Chacun est irrité, comment calmer la masse
Arrêter tous les maux qui suivent les vainqueurs ;
Des proclamations s'improvisent, tout passe....

De deux maux on choisit le moindre, et le plus sûr.
Ce provisoire était cauchemar politique :
On devait tout tenter pour la cause publique,
Tout est sauvé, bon soir, j'aime mon toit obscur.

Malgré tous les on dit, voila comme on conspire,
Et je suis malgré moi coupable *ex abrupto*.

Sans argent, sans projet, quel inoui délire,
Je n'ai connu personne, invoquons le *veto-!*

Dans cet État-Major où deux devoirs m'appellent
L'affreux sort de mon frère et des propriétés;
Tout agite mon cœur, tous mes sens m'interpellent,
Je donne des avis sur mille adversités...

Lyon renaît d'honneur préservé d'anarchie !...
Dès qu'on m'accuse à faux, j'en appelle au pays,
Lyonnais, vous direz si j'aime ma patrie,
Et vous me vengerez de lâches ennemis?

Un prince voit nos murs, offre sur sa promesse
L'oubli sûr du passé, puis l'on vient nous charger,
Traquer en cent cachots, traqué par la richesse:
Et l'on nous punirait d'un zèle à protéger?

On vient s'humilier et puis demander grace,
La victoire rougit et voila ses faveurs?
L'héroïsme des forts revivra dans leur race,
Eux qui grands au combat sont généreux vainqueurs.

Venu de l'étranger dans une paix profonde,
Pensais-je qu'un auteur biographe en un mot,
Pût trouver de retour l'immérité cachot,
Quoi! l'*inquisition* ferait le tour du monde?

Que feriez-vous, Messieurs, dans ma position?
Votre cœur me répond : ce qu'un français doit faire?
Un jury sage craint l'insinuation,
Et tout faux délateur est réduit à se taire.

Qui voudrait que la force en violentant la loi
Tienne tout en échec et tout droit me refuse,
Toujours je vous dirais en confondant la ruse :
Craignez pour vous demain quand aujourd'hui c'est moi?

En son temple Thémis n'a pas double mesure
Une cause acquittée et puis ce dévouement....
Qui pourrait condamner au gré de l'imposture...
Sans mandat, sans entendre et sans recollement ?

Quel us, quel temps, ô mœurs de sinistre mémoire !
Quand on voit l'homme fort réduit à disputer
Pied à pied son devoir, son droit, son sang, sa gloire
Qu'un calomniateur sait trop bien exploiter.

Qui n'a fait que du bien, suffit-il qu'on l'accuse ?
D'après quel droit fait-on un injuste procès ?
Il faut prouver, convaincre, ou de tout qu'on abuse:
Ah ! malheur au scandale, et gloire au vrai succès.

S'il n'est un Dieu qui veille aux cris de l'opprimé,
L'attaque à l'improviste est chose très-facile...
S'il n'abat tout vampire au carnage affamé,
Se défendre surpris est toujours difficile.

Devant caméléons morts comme absens ont tort.
Et qu'importe à certains d'être au poste infidèles,
Quand l'autorité fuit on devient des rebelles,
Ou sans sommation on vous donne la mort.

Diogène était fou lorsqu'il cherchait un sage,
Et moi, la charte en main je cherche liberté...
Dieu ! l'auteur quel qu'il soit n'aurait-il qu'esclavage ?
Pour respirer faut-il courir pour sa santé ?

S'il n'est plus de Mécène il est d'autre Bastille ?
O Racine, ô Voltaire, ô Delile et Rousseau,
Quoi, vos mânes en deuil en fuyant le tombeau,
Verront d'auteurs amis poursuivis en famille ?

Flavien, Lascasas, fils de l'humanité !
Comme vous j'ai connu des intriguans la rage,

Glorieux de souffrir sans l'avoir mérité ;
Pour Rome, Régulus courut bien à Carthage.

Pour le plus grand bienfait un roi donne des fers,
Et Christophe Colomb donne à l'Espagne un monde ;
Dans sa tombe des fers ! ô leçon trop faconde,
Tout sert de monument d'exemple en l'univers.

Curtius sauva tout par dévouement sincère,
En romain s'immolant quand l'abîme s'ouvrit ;
Aussi fier je mourrais si détrompant l'esprit,
Je voyais tous les yeux s'ouvrir à la lumière.

On fait sur moi courir cent bruits contradictoires,
C'est un agent carliste, un chaud républicain
Que la police épargne, et mille autres histoires.....
Jaloux pour m'attaquer, quel fortuné moyen !

La police à grands frais veut trouver des coupables,
S'il lui faut des complots, c'est dans vingt fabricans
Opposés au tarif contre quatorze cents :
Qu'elle y doit rechercher les fauteurs exécrables.

La liberté, Français, dépendrait des mouchards !
Tant d'innocens gémir sous les verroux du crime
Ouïr la porte en fer crier souvent aux arts :
Là, roulant sur mes gonds je protége et j'opprime.

L'accusateur public s'acharne en son métier,
Tant distiller de fiel ! tout mène à la Pairie....
Bien différent du sort du modéré *Grenier*,
Vice-Mars en Randan y verrait félonie !

Oubliant les égards qu'on doit aux accusés
Dans un discours écrit on me dit fanatique,
Pour prémisses d'or, donc, on fait le famélique,
A défaut de coupable, il faut des insensés.

Tout s'irrite et complique armé de mille fautes:
L'émeute se forma d'affreux provocateurs,
Des consuls la voix dort, le sang coule aux deux côtes.
L'anglais jouit de voir à Lyon cent terreurs.

Dumolard vous redit qu'à l'aspect du désordre
Des citoyens ont pu s'unir, de sens divers,
Prévenir glorieux de pénibles revers,
Avec l'intention de ramener à l'ordre,

Et provisoirement enfin s'organiser,
Quand certains magistrats abandonnent leur poste.
Mais est-ce un guet-à-pens à voir improviser
Un honorable appel aux mutins qu'on aposte.

Louis-Philippe reçut en octobre ma lettre,
Sachant tout, il l'envoie au *grave intérieur*
Un Thiers qui lui *succède* en 'a tu la valeur.
Et des précautions? point, point sans rien omettre?

Au moins soyez d'accord, convaincus plus certains,
Vous étiez là, cachés? non? vous étiez en arme?
Lâches, vous, m'accuser, craignez d'être assassins :
Qui vouliez-vous percer, l'égoïsme est un charme?

Moi, bénissant le ciel d'un succès triomphant,
Au pied de Notre-Dame on eût ouï ma parole,
Je le dis ô Lyon, loin de ton Capitole,
Fourvière à pareil jour m'eût vu reconnaissant!

Ici, quoique exilé, j'en appelle à la France!
De cachots en cachots j'arrive jusqu'à vous,
Juges qui m'entendez vous suivrez la conscience,
Dans le doute on s'abstient, l'innocent est absous.

Si chacun à son poste eût compris la misère,
Le sang eût-il coulé, le sang de l'innocent.

Tard, un préfet l'a dit, et j'eusse été content :
Point d'orpheline en pleurs, tu vivrais ô mon frère!

Celui qui ne fut dis-je, agent d'aucun parti,
Celui qui sut plaider des orphelins la cause,
Qui des banqueroutiers nia l'apothéose,
Sur des bancs d'accusés il n'aura point rougi.

Voudrait-on m'opposer de servile témoin!
J'ai fait pour mon pays, tout ce que j'ai dû faire,
Je réserve et proteste aux fins de l'arbitraire,
Et pour mes droits lésés j'appelle aux gens de bien.

Qui pourrait voir du sang écrire nos annales?
Du sang! et ce rasoir qu'on dit national!
Les Crancé, les Couthon, et pour comble du mal
Robespierre et Collot, cent charettes fatales!...

Ah! le sang veut du sang chez des tigres affreux.
Toujours ils sont flétris eux et tous leurs complices :
Mais quel excès Lyon offre-t-il à vos yeux?
Qui du sang innocent boirait donc les prémisses.

C'est lui seul qui fit tout? qu'a-t-il fait vous, dit-on?
Oh! c'est lui! qui l'a vu, personne, et on réplique :
Croyez l'en seul capable, ô savante logique!
Que pour preuve a forgé la cabale, en prison.

Il était là, pour qui, pour vous tous? on l'ignore,
L'auteur écrit, combat, nous prend pour des enfans :
Chicaniers éternels, vous êtes des géans!
La preuve, la raison, on crie, on crie encore.

La proclamation est Pandore ou mon bien,
Chacun y prend son choix, moi savant peu modeste,
Aux intriguans je dis, vite à chacun le sien;
J'aime l'ordre et par goût je ne veux pas de reste.

L'opprimé seul est fier de son humanité,
Pour nous l'oppression enfanta des rebelles,
Lyon rejette un joug fait pour des infidèles,
Libre on veut les beaux-arts, mérite et probité.

Un Dieu juste m'entend, le remords en frissonne !
Là du peuple le sang criait vengeance au ciel.
Où sont mes délateurs ? entends juge éternel
Savent-ils ce qu'ils font, eh bien ! je leur pardonne.

Quant aux êtres suspects, complaisans immoraux,
Voyez les contredits en divers témoignages,
Et nul au moins de fait, solidaires pour faux,
Qu'ici conclurait-on de leurs soldés langages. ?

Les jurés sur leur cœur en donnant leur avis,
Craindront tous de servir d'instrument politique,
A l'aveugle terreur, vengeance des partis,
Ils sont hommes d'honneur, pour la raison publique.

Rendant justice et gloire à tout cœur généreux,
De me persécuter que la cabale en rie !
J'entends le peuple dire et répondre à nos vœux :
La patrie avant tout, et toujours ma patrie !

NOTES

DU

PLAIDOYER POLITIQUE,

ET EXTRAIT

DU DISCOURS DE Me BAYLE,

ET DE L'AVOCAT GÉNÉRAL CAPIN.

I L'auteur fait allusiou à plusieurs opuscules qu'il a publiés à diverses époques en prose et en vers sur Lyon et son Siége, en 1793, puis sur deux sujets célèbres PILATE et EPAMINONDAS, qui font la matière de ses deux tragédies patriotiques.

2. Le préfet Bouvier dans sa déposition du 7 décembre 1831, affirme qu'il est convaincu « que l'émeute » n'avait point d'intention hostile et n'avait point été » préparée, que les ouvriers sollicitaient des magistrats » l'exécution du tarif ; que la première rixe est venue » d'irritantes provocations d'un piquet de garde natio-» nale, à la mairie de la Croix-Rousse, et du poste de la » barrière qui furent aussitôt désarmés. L'émeute n'a » pris de gravité que par une complication inouïe de » fautes, de bévues et de maladresse. »

« Non, aucune sommation légale n'a été faite ? Qui » en a fait une ? Qui pourrait l'avoir faite, s'écrie ingé-

« nument le préfet désapointé. Personne n'était à son
» poste, lorsque le feu a commencé. Mais à onze heures
» et demie, il y avait déja d'eux heures que le sang cou-
» lait ! ! » Les ouvriers se plaignaient donc à bon droit,
et les gardes nationaux fugitifs de retour à l'Hôtel-de-
Ville se plaignirent aussi, d'avoir été sans cartouche
contre des *acharnés* qui se battaient depuis deux heures.

Les ouvriers avaient pris pour emblêmes le drapeau
noir et ces mots : *Vivre en travaillant*, ou *mourir en
combattant*.

Le commerce a fait commettre par ses commis ou par
les soldats enivrés cent excès déplorables; le bruit courut que le lieutenant général Roguet avait reçu de for-
tes sommes pour sévir contre le peuple, et qu'on faisait surtout enivrer les soldats ; et l'on connaît assez le
capitaine qui fit tirer le dernier coup de canon à mitraille, contre des femmes et des enfans, sur le quai de
Bourg-Neuf, en face de la Poudrière. Il vient d'être
blessé grièvement, dit-on, au siége de la citadelle
d'Anvers.

L'adresse suivante affichée, dit-on, fut probablement
portée à la Croix-Rousse, par l'ex-préfet ou par son secrétaire général M. Alexandre, qui depuis a été décoré.

OUVRIERS !

*Écoutez la voix de celui que vous avez appelé votre
père ! Arrêtons l'effusion du sang de vos frères ; prévenons
d'affreux malheurs qui ne pourraient que rendre votre
position plus mauvaise encore. Suspendez des hostilités
pour envoyer des parlementaires à l'Hôtel-de-Ville, où
vos plaintes seront entendues par vos magistrats. Comptez
sur toute la chaleur de l'intérêt que je vous porte pour défendre votre cause.*

Lyon, le 22 novembre 1831.

Le Préfet du Rhône,
DU MOLART.

Lyon, imp. de J. M. BARRET.

On sait sait encore le danger que courut M. D......., parlementaire de la Croix-Rousse, que le général Roguet aurait fait juger militairement à son arrivée à l'Hôtel-de-Ville, sans la prise subite du préfet et du général Ordonneau.

Aux explosions terribles de l'artillerie, succédait par intervalle un silence funèbre.

Le jeune Chabut, parlementaire des ouvriers des Brotteaux, fut étranglé vers l'Hôtel-de-Ville, sous les yeux de certains personnages qui virent cette scène barbare avec plaisir.

Le fameux Roguet, qui avec cent rodomontades devait *donner en détail* la quantite de cartouches qu'on était venu lui demander en échange des deux grands prisonniers qu'on avait faits, les donna toutes sans s'en douter, car l'envoyé de la Croix-Rousse, que Roguet se vit obligé de renvoyer sain et sauf à cause de la responsabilité des 2 otages captifs, s'apercevant que l'on ne tenait pas la promesse aux ouvriers, et qu'on distribuait des cartouches sur la place des Terreaux à tous les hommes à uniforme qui en demandaient, excita vivement les ouvriers à emprunter tous les uniformes disponibles, et à descendre se munir de cartouches qui déja manquaient, ce qu'ils firent avec succès ; et après huit heures de détention, on rendit le préfet et le général Ordonneau ; et Roguet fut obligé de fuir honteux par Saint-Clair, où il vit un de ses aides de camp tué, et lui-même y laissant son chapeau et plusieurs centaines des siens, bien content d'aller manger du cheval à Reilleux, et de partir pour Paris doublement pair.

On sait avec quelle horreur les ouvriers traitèrent les voleurs de la maison Oriol, deux surtout furent fusillés sur le corps de délit ou marchandises dont ils s'étaient saisis. Quinze autres furent arrêtés et puis envoyés à Roanne, mais quelques-uns s'échappèrent.

Pour moi, sincèrement animé du bien public, je fus

près d'être victime de mon zèle pour l'ordre et pour le salut des propriétés menacées de la flamme et du pillage. La preuve est assez irrécusable, dans l'incendie du corps de garde de Bellecour, où, le mardi vers onze heures du matin, je fus jeté, pour avoir voulu détourner des forcenés incendiaires qui étaient la plupart ou agens secrets de la police, ou forçats libérés, tous avides de pillage. Faut-il d'autres preuves évidentes de mon dévouement : quinze cents personnes au moins, ont pu être témoins de cette scène semi-tragique, eh ! bien, malgré ces dangers personnels auxquels j'échappai avec mes cheveux brûlés, au sortir de la brèche que je pratiquai avec un des débris de banc de chêne du poste, au travers de ces épais briquetages, je n'en courus pas moins, confondu au milieu de la foule, froide spectatrice, pour l'exhorter à ne pas abattre la statue équestre de l'immortel Louis XIV. Pourrez-vous, leur disais-je avec vivacité, et oserez-vous renverser ce chef-d'œuvre des arts, qui rappelle au souvenir l'auguste protecteur des Corneille et des Molière, et du grand siècle littéraire ; mais n'est-ce pas encore l'ouvrage d'un ouvrier *lyonnais*, de l'artiste *Lemot* de la *rue Noire*. Aussitôt des cris de vivent les ouvriers ! me rassurent sur ce point ; mais j'entends le projet formé d'incendier les façades de Bellecour, comme contenant, disait-on, beaucoup d'aristocrates ; oui, mes amis, il y peut avoir beaucoup d'égoïstes et d'ingrats philippistes, mais n'est-ce pas Napoléon qui en a reposé la première pierre et qui en a été le restaurateur ? Qui de vous n'aimerait pas ce grand homme ; *vive Napoléon !* La foule redit ce cri avec moi, et leur bouillante ardeur se borna à casser la forte barre de fer du reverbère du côté de la façade du Rhône, et une foule se mit à porter la pièce à la tête du pont de la Guillotière, pour renforcer la barricade.

Eh bien ! qu'ai-je obtenu pour prix de mon dévouement, comme je l'ai répété au tribunal de Riom · cent jours de prison, et l'honneur d'une séance de douze heures d'affaire capitale sous le règne du roi citoyen, quelle munificence du gouvernement de Louis-Philippe ! Cependant, sous un Napoléon, j'aurais eu au moins la décoration de l'honneur. Quel contraste encourageant !.. Ici du moins, c'est je crois mieux d'avoir bien mérité de son pays et d'avoir servi la cause du peuple, que d'avoir lâchement obtenu une récompense de mains souillées de forfaits.

Mon pauvre frère, ex-grenadier de la garde nationale, qui toute la journée du lundi a été vu portant des compatriotes blessés a été assassiné sans armes, au retour près du quai *Bon-Rencontre*, le mardi, vers les onze heures du matin, probablement par les affidés de la police qui ont tiré sur lui des fenêtres d'une maison voisine, à bout portant, et quelques heures après, il n'était plus, laissant une veuve et deux orphelines, et observez ici, que la police n'a fait aucune recherche à cet égard.

Le mercredi, l'irritation populaire était au comble, on ne crut rien de plus propre à la calmer que d'exprimer, avec condoléance, les griefs publics dans une proclamation énergique, et de prévenir ainsi la fougue des écarts dans l'espoir d'un meilleur ordre de choses, pour amortir les provocations d'une autorité imprévoyante, fugitive et tracassière. Une proclamation entr'autres parut satisfaire les masses.... On n'a point de preuve contre l'auteur présumé, point d'*indice certain*, dit l'avocat général, que de vagues *on dit*, contredits même par plusieurs des témoins, donc conclut-il plus bas, il est de notoriété publique que c'est M. Perenon, et tout l'accuse d'être l'auteur de l'adresse républicaine, c'est un agent carliste. Belle logique écrite de M. Capin !

« Aujourd'hui, un an après, s'écrie Me Bayle, défen-
» seur d'office du prévenu, on vient s'étonner à
» froid que le nom du peuple ait été prononcé, quand
» le pouvoir était aux mains du peuple ! On nous re-
» proche des proclamations ! Mais chacun en faisait
» alors, c'était à qui produirait la sienne, à qui ferait
» les meilleures. Quant à Perenon, (*qui n'a ni écrit, ni*
» *signé la proclamation, et qui n'a pas été vu l'apportant*),
» qu'on persiste à accuser...., moi je suis sûr qu'assis
» dans son fauteuil, à l'Hôtel-de-Ville, il songeait bien

» plus à sa tragédie d'*Epaminondas*, qu'à convoquer le
» peuple en assemblées primaires (rires universels).
» Le témoin Vignot, a d'abord dit que Lacombe était
» l'auteur de la proclamation, mais serré ds trop près
» par ce dernier, il lui dit: Eh bien, le véritable au-
» teur, c'est Perenon : et c'est toujours sur des *on dit*
» que s'appuie cette accusation capitale. »

On vient de m'accuser d'être carliste et républicain
à la fois, dans ce cas j'eusse été en suspicion des deux
côtés; qu'en conclure, que je n'ai pu ainsi conspirer,
et surtout sans argent; et isolément. On ne conspire
pas encore avec des inconnus, ni *ex abrupto*, si j'ai pu
le faire c'est à mes accusateurs à prouver le contraire,
autrement pourquoi m'accuser contre tout droit et sans
la moindre preuve ?

Le fait est bien certain que je suis allé à l'Hôtel-de-
Ville, pour voir si je trouverais mon frère, qu'on m'a-
vait dit blessé et déposé à l'ambulance de la vaste salle
d'Henri IV et que je n'y trouvais pas, j'eus bien de la
peine à y parvenir, mais il ne me fallut pas cependant de
protection spéciale. En descendant l'escalier, un ouvrier
arrive tout hors d'haleine, je lui demande ce qu'il y a
de nouveau : — on pille la maison Oriol, à ce mot, je
m'avance et cherche Lacombe qui paraît absent, je
m'adresse au poste : mes amis, voyons, il faut des
hommes de bonne volonté ? — Nous voila tous ? Mes
amis, vous êtes utiles ici et pour la caisse de la ville et
pour les archives, etc. , mais sans trop affaiblir ce poste
important, on en peut détacher quinze hommes. Allez,
braves ouvriers, arrêtez les incendiaires et les pillards,
ce sont les ennemis du peuple, ils ne saliront pas votre
cause ; on part, et l'on ramène une demie heure après,
assez de malfaiteurs avec le corps de délit en main, je
les interroge et les convaincs, assisté de M. Feilhol et
d'un inconnu. Plus tard, on fait saisir des correspon-
dances et des gargousses qu'on portait à Roguet qui me-
naçait de tenter une surprise, c'est alors que je propo-
sais le serment si solennel et si patriotique, de mourir
cent fois plutôt sous les ruines de la cité que de souffrir qu'on vînt impunément égorger nos femmes et nos
enfans, piller ou incendier nos domiciles !

On se rappelle encore l'entrée soi-disant triomphale
du maréchal Soult, avec son insolence plus que dictato-
riale ; le jeune duc qui le suivit entouré de canons char-

gés à mitraille , la mêche allumée , et avec vingt-cinq
mille hommes sur le pied de guerre, dont la musique
exécutait *la Marseillaise* et le *Oui ça ira*, pendant que
des placards outrageans de l'autorité tapissaient nos
murs , invitaient nos concitoyens silencieux mais indig-
nés à quitter *leurs habits de deuil pour vêtir les habits
de fête qu'ils n'avaient pas*, et saluer d'Orléans le fils ,
comme un arc en ciel qui paraissait après l'orage. Expression qui ne put éclipser, ni parodier avec applaudisse-
ment la phrase analogue empruntée de la proclamation
lyonnaise.........

Un morne silence interrompu par des larmes et un
deuil général furent les seuls cris d'allégresse des masses
quoique perfidement désarmées et vendues au pouvoir
ennemi du tarif, nouvelle charte des ouvriers, sanction-
née par les premiers magistrats et par quatorze cents
signataires contre vingt récalcitrans, etc... Puis voici
venir les dissolutions des gardes nationales, de Lyon et
ses faubourgs, et le retrait strict des armes et de la pou-
dre ici et ailleurs, et avec de pompeuses *promesses d'oubli
du passé*, l'inquisition politique et ses nombreux cachots sont ouverts à la voix des mouchards délateurs ,
Et voila comme on a traité ces braves ouvriers si généreux après leur victoire, et si amis de l'ordre au sein
même du désordre.....

Et nous autres premières victimes parqués et désig-
nés de l'œil par de modernes Catilina, nous avons été
calomniés, proscrits , traqués et colportés de cachots
en cachots pour prix de notre dévouement à l'humanité
et au pays. Voila des faits incontestables, qui n'ont pas
abusé nos prévisions politiques et sociales. Mais grace
à Dieu, nous avons pu triompher enfin de la foi puni-
que , et l'histoire est là quand même , pour démasquer
tous les genres de perfidie. On croyait nous condamner
sans mandat, sans nous entendre et sans recollement.
« On nous devait, dit M. Capin , toutes les rigueurs de
» la justice, le temps était venu de nous châtier exem-
» plairement. L'incendie terrible qui venait de ravager
» Lyon fumait encore le 23 novembre (et sans doute),
» le plus léger souffle pouvait le rallumer (en ce mo-
» ment un sifflet se fait entendre), ce sont les accusés
» qui sont ici, qui nous répondent des malheurs de
» Lyon, mais ce n'est point seulement à cette ville
» qu'ils devaient en rendre compte , c'est à la France

» entière qui les cite à sa barre, au milieu de la paix
» et du bonheur dont jouit notre pays !!! »

Flavien, est ce digne évêque d'Antioche, qui arrêta par son discours célèbre, à jamais, le bras vengeur de l'empereur Théodose, contre lequel cette ville s'était révoltée et duquel on avait brisé les statues, etc.

Lascasas, est ce fameux évêque de Chiapa, qui passa les mers et vint à la cour de Charles-Quint, soutenir avec tant de zèle la liberté des derniers Indiens de l'Amérique, que l'Espagne voulait réduire au dernier esclavage, on connaît assez son immortel discours.

On sait que le hardi génois Christophe Colomb qui découvrit l'Amérique, sous le règne de Fernand et d'Isabelle, obtint de ce prince espagnol des fers en récompense, graces aux services officieux des courtisans. On les lui sortit bientôt, mais il voulut que ces mêmes chaînes fussent déposées dans son tombeau pour être un gage, disait-il, de la munificence royale.

Le ministère avait une parfaite connaissance de ce qui allait arriver à Lyon, depuis la fin d'octobre 1831, et Louis-Philippe lui-même avait reçu une lettre ad hoc, qui l'avertissait que de sourdes menées de négocians perfides et égoïstes, préparaient de nouveaux troubles contre le peuple industriel, et la réponse du prince est du 9 novembre ; il y est dit que la lettre a passé sous ses yeux et qu'elle a été transmise au ministre de l'intérieur. Et au moment de cette querelle capitale créée par d'acharnés philippistes, j'ai écrit en vain à M. le ministre actuel de l'intérieur, le préfet connaissait aussi la trame infernale des négocians. Le tarif venait d'être signé par Dumolard, et cet ex-magistrat ne peut nier que c'est à cet acte que l'on doit attribuer tous les malheurs des 21, 22 et 23 novembre. La misère en est le principe, mais le tarif en est toujours la cause.

On ne saurait dire à quel degré de turpitude, les mouchards et la police ont poussé l'invention de leurs délits politiques à Lyon : sur mon compte seul, on ferait déjà de gros volumes de leurs mille et un griefs contradictoires. S'il en faut croire certains rapports, j'aurais eu jusqu'à deux cents de ces êtres dégradés à mes trousses, je ne sais quelle importance frénétique on attachait à ma prise ! Et moi, sans être instruit de leurs menées, j'arrivais à l'étranger au 5 mars 1831, avec un simple passeport à l'intérieur, que j'avais fait viser à temps, et depuis à l'ambassade de France. J'ai habité divers cantons de la Suisse et de la Savoie, et m'occupant de bibliographie, jusqu'au moment que les détenus politiques de Lyon furent acquittés à Riom, et je fus assez surpris de trouver mon nom mis avec ceux des *accusés* puis des *acquittés*, mais contumaces ; mes travaux terminés, je n'hésitai pas à rentrer en France, n'ayant rien à me reprocher, que peut-être trop de dévouement à mon pays, et je vins quinze jours après à Lyon, ma patrie. Pendant quinze jours, je ne fus pas inquiété, et je vaquais sans crainte à mes affaires, lorsqu'un sieur Vialont, Rives et quelques juifs affiliés, tramaient apparemment dans leurs antres, de nouveaux attentats contre ma liberté individuelle.

Le temps étant propice, voici venir chez ma sœur où je déjeûnais, une bande de misérables à l'air farouche et hagard, c'était la compagnie Vidocq, l'écume sentinale du pays, que je pris pour des forçats libérés ou de ces chevaliers d'industrie qu'on repousse avec horreur, *Qui êtes-vous! Que voulez-vous!* dis-je à ces cerbères qui sans répondre sifflent et s'emparent des clefs et de la porte ; on me répond enfin par cette phrase usée ; *au nom du roi* et *de la loi*, j'allais leur répondre *ad hoc* avec un fort bâton, lorsque ma sœur me conjure de ne pas résister. On viole ainsi le domicile de ma sœur, on fait une stricte et longue perquisition chez elle, qui n'était pas mon domicile : On emporte pêle mêle tous mes papiers, lettres et manuscrits ; je proteste en vain contre cette atroce illégalité, et de l'aveu d'un commissaire, M. Comte, on n'y trouve rien qui puisse me compromettre devant la loi ; qu'importe je suis suspect ! On voulait me lier la main, je résiste, on m'entraîne, mais la peur d'une résistance légale à l'oppression les modère, et l'on consent à me laisser aller sans cordon, jusqu'à l'Hôtel-de-Ville où je demande en vain le prétendu vieux mandat d'amener dont on me parle ; et je l'ai redemandé en vain de nouveau à ce M. Prat en pleines Assises; une idée me vient ici, la voici : je serais fort curieux de savoir par quelle loi cet homme a été nommé commissaire central à Lyon. Enfin bref, je protestai de nouveau, devant un adjoint de la mairie de l'indignité d'un tel abus de pouvoir contre un homme de lettre et d'honneur. A peine sur ma parole, puis-je aller les mains libres à la prison de Roanne où après 4 jours de secret on me fait subir l'interrogatoire le plus bizarre. Enfin après deux autres interrogatoires, on me produit un faux témoin, le mouchard de Prat : c'est Lambert que je convainquis d'imposture... patience, et c'est après deux mois de détention arbitraire , qu'on m'annonce à force d'écrire et de réclamer au gouvernement, au procureur-général , etc., etc. , que l'on renonce à ces charges (évidemment insoutenables, et du plus vil prétexte), mais qu'il me faut partir avec M. Dervieux , détenu politique , pour aller faire purger et expier ensemble à Riom , une contumace , sans doute pour m'être trop généreusement dévoué à ma patrie, lors des troubles de Lyon en novembre , et malgré la charte qui dit : *Nul ne peut être distrait de ses juges naturels:* et nous voila en route, n'obtenant qu'à peine et malade la patache de correspondance du roi de juillet. En général les gendarmes nous ont montré assez d'humanité ; aussi les rafraichissemens ne leur ont pas manqué , et nous n'avons eu que pendant quelques heures de nuit le cachot pestilentiel et envermine de la petite tour de l'*Arbresle* , et du noir et affreux cachot de *St-Just en Chevalet*, à peine en avons-nous vu la porte, grace à la philantropie de M. le brigadier , qui a bien voulu nous céder même son lit et son appartement. Arrivés à Clermont, le Rogue médecin de service , nous a refusé la patache royale , et à nos frais emballés , nous sommes arrivés à la conciergerie de la maison de justice de Riom, où nous sommes restés près de quarante jours.

Pour moi , après avoir écrit avec vigueur à MM. le procureur général et le président des Assises, pour demander communication légale de la procédure dirigée contre nous, on m'a refusé en vertu d'un article bizarre la copie légale des pièces, et je n'obtins que par grace d'en prendre en hâte le relevé sur le gros in-folio de 187 rôles remis pour copie à M. Hubert Dervieux. Enfin , arrive le jour si souvent reculé à dessein, et si désiré de notre cause mise au rôle et retardée pour le jour final et glorieux des Assises, le 26 novembre 1832. Deux fausses dépositions devaient se faire entendre : un Lambert, signalé d'avance au procureur général, se trouve la bouche close au tribunal, soit l'effet d'un remords tardif, soit qu'il ait été intimidé par ma présence et surtout par ma vive apostrophe , soit qu'il y ait eu de la part du grave et colérique Prat, défaut de pécuniaire suffisant. D'ailleurs, plusieurs autres témoins ont appris de la bouche même de ce Lambert, que pour dix à vingt francs qu'il a reçu de plus que les autres, il n'a pas voulu faire pendre un honnête homme.

L'autre témoin, dont on regrettait l'empêchement de présence aux débats, est M. Vignot, instituteur, alors détenu politique, et qu'on croyait capable de se prêter aux perfides manéges de la police Prat, mais il a été sourd à son appel.... Et ce M. Prat, si acharné contre moi, qui ne sache avoir jamais rien eu à démêler soit en négoce, soit en littérature contre ce brave ex-négociant, même dans ma pétition aux chambres sur les moyens d'*anéantir* les *banqueroutes* et les *faillites*, a cru toutefois par amour pour son nouveau métier, devoir après sa déposition curieuse, prendre encore la parole pour prouver à sa manière, par surcharge de zèle, l'accusation de *carlisme* élevée contre moi, citant, dit-il, une *nouvelle* affaire qui se poursuivait contre moi, pour une *distribution* (prétendue) de *cocardes* couleur arc-en-ciel etc., sur ce, l'avocat général Capin, demande : — Y a-t-il eu une procédure pour cette affaire ?

M. Prat. — Oui monsieur, assurément.

L'avocat général.— Nous avons pourtant lieu de croire qu'elle n'a pas eu de suite, car M. le procureur général du parquet de Lyon ne nous a rien fait savoir : si Perenon était en ce moment l'objet d'une nouvelle accusation nous aurions été invités à le retenir, en cas d'acquittement. Nous *pensons qu'il ne faut pas s'arrêter à cette dernière déclaration.* Ici, je répliquai avec force ; comment le sieur Prat ose-t-il parler encore d'une charge insoutenable, et qui le couvrirait de honte et de lâcheté s'il osait s'en faire le champion ; *c'est d'un faux témoignage dont il s'agit.*

D'ailleurs ici, ne pourrais-je pas lui observer que ces couleurs qu'il incrimine tant, sont dans la nature, et qu'*Iris* les prête souvent à la toilette de *Junon* ; et puis dans le prisme triangulaire, ne les retrouve-t-on pas, comme au ciel dans la réfraction du rayon lumineux : et je demande à mon tour de quel parti sont ces couleurs scientifiques et sacrées ? Etait-ce donc pour nous vanter la cocarde de la livrée du duc d'Orléans qui est rouge, blanche et bleue, au lieu que celle du roi de France était *bleue* avec *galon* rouge et *blanc*. Aussi lorsqu'on proposa à Louis XVIII de prendre la tricolore :

ce prince répondit avec esprit : « Je ne ferai pas à la
» nation l'injure de lui ôter sa couleur pour lui faire
» porter ma livrée. »

On sait que la couleur blanche fut arborée en France
pour la première fois, lorsque sous la fameuse héroïne
Jeanne d'Arc, on chassa les anglais du royaume, et
c'était aussi la couleur de l'ancienne et héroïque Po-
logne.

Pour moi, sans rien prescrire à personne du goût et
des couleurs, je dis en français indépendant et libre,
que je ne veux porter la livrée de personne, car je ne
sors pas d'une famille de cocher, de laquais, ni d'es-
clave.

Parlerai-je du fameux anniversaire du grand deuil du
23 novembre 1831, les ouvriers et les veuves voulaient
faire célébrer sans intention hostile, un service funèbre
et quelques messes de mort pour leurs défunts parens.
Mais les autorités ont fait à cet égard des défenses for-
melles. Eh quoi ! malgré tout, des messes inoffensives
ont pu être entendues avec intention. Nulle autorité ni
police ne peuvent entraver la liberté des cultes ni celle
de la pensée.

Le Château de Randan, à 2 lieues de Riom, appar-
tenant à Mad. Adélaïde, a été visité par un fils d'Orléans, au moment même où l'on instruisait notre procédure, alors que déja les journaux l'annonçaient être
en Belgique ; que de précautions inutiles ! Cependant
on ne saurait guères porter à moins de 125,000 fr., les
frais du procès politique fait aux lyonnais depuis la séance du 15 juin, présidée par M. Magnol, jusques et y
compris *la nôtre*, présidée par M. Molin au 26 novembre 1832.

On ne doit pas oublier ici, M. Capin, cet avocat général bordelais, nommé par Charles X lui-même aux
fonctions qu'il exerce avec tant d'éloquence et d'égard
envers le public et les accusés ; il paraît que ce Monsieur avait écrit son plaidoyer à Bordeaux, et pour dé-
but d'ouverture, il s'est respecté jusqu'à dire « que le
« sieur Perenon était un de ces plus *violens fanatiques*
« qui rêvent le retour de cette race à jamais proscri-
« te ; » à ces paroles, j'ai compris avec qui j'avais à
faire ; aussi, interrogé sur mon âge, je réponds « que
« j'ai celui de Jésus-Christ quand il comparut, accusé
« devant Pilate, d'être rebelle à César (Tibère) ; sur

« ma profession, je dis que puisque la police veut faire
« de moi un conspirateur plutôt qu'un auteur, on a
« qu'à écrire conspirateur-bibliographe. »

Interrogé de nouveau, je réponds en montrant ma tragédie : Voila ma conspiration (rires dans l'auditoire).

Le Président. — Mais vous étiez à l'Hôtel-de-Ville le 23 novembre ? — Oui, Monsieur, et j'y dis qu'il fallait aimer et servir son pays avant tout. Mon frère a été tué en novembre, au moment où il soignait et où il portait des blessés ; mon frère, qui a laissé une veuve et deux orphelines !

Le président. — Mais vous avez porté la proclamation chez l'imprimeur ? — Il fallait bien la porter sur l'ordre qui m'en était donné avec quatre fusiliers.

Le président. — Avez-vous affiché la proclamation ? — Non, M. le président ; un homme de lettres n'est pas un afficheur (on rit). Je n'étais rien, rien qu'un simple petit conseiller dans l'intérêt du salut public....

Les témoins entendus, sont M. Boisset, 1er adjoint de Lyon, lors des événemens de novembre, *décoré depuis* de la légion d'honneur, et actuellement sous-préfet de Sens ; M. Benoît, ex-apothicaire, et secrétaire général de la mairie ; M. Gauthier, 2e adjoint ; Prat, commissaire central de police, ex-négociant ; MM. Salomon, Bardoz et Ménouillard, commissaires de police ; *Lacombe* et l'ex-mouchard *Lambert*. Benoît, interpellé par l'accusé Perenon s'il ne se rappelait pas de l'avoir vu dans ses bureaux, et par quelle antipathie il lui avait refusé le visa de la mairie pour la représentation de sa tragédie d'*Epaminondas*, qui avait été reçue ; il ne répond rien. Presque aucun d'eux ne connaît Perenon,

— Je ne le connais, dit Lacombe, que parce que j'ai entendu dire de lui... — Eh quoi ?.. Parbleu, je le crois bien, vous ne me connaissez que par les ouvrages que j'ai publiés.

Tout le monde croyait que le ministère public abandonnerait l'accusation, dit M. le rédacteur du *Patriote du Puy-de-Dôme*, « quand l'avocat général Capin, s'est
« mis imperturbablement à lire un long discours écrit,
« qui était la chose du monde la plus bizarre, à la suite
« *des débats* qui *doivent* pourtant *être* la *véritable base*
« des *réquisitions*. La nature de cet écrit, le ton em-

« phatique de l'orateur, sa voix retentissante, produi-
« saient un effet qu'il est impossible de rendre. Cet in-
« cident n'eût été que comique en matière moins sé-
« rieuse, mais dans un *procès où il s'agissait de deux*
« *têtes*, tous les cœurs se serraient douloureusement;
« il y avait là une haute question de morale qui fixait
« la pensée de tous les assistans, et cette pensée dé-
« chirante, chacun la laissait s'échapper au sortir de
« l'audience, en termes que nous ne pouvons repro-
« duire ici. »

Un an s'est écoulé depuis le 23 novembre, dit ce M. Capin, les ouvriers vainqueurs n'avaient voulu que l'aug-
mentation de leur salaire, mais d'autres songeaient à
exploiter leur victoire, ils s'installaient à l'Hôtel-de-
Ville : l'un était désigné pour être préfet, l'autre maire,
un troisième commandant militaire, etc., (et cependant
il m'oublie, eh ! j'eusse été charmé de savoir mon em-
ploi, mais me voila calqué comme auteur dans) une
proclamation qui *fut affichée* ; des menaces furent
adressées au préfet du gouvernement de juillet. C'est
là qu'il faut chercher les vrais coupables.

Tout accuse Perenon d'être l'auteur de la proclamation : Quant à Dervieux, c'est un des hommes de la
pure démocratie attaché à renverser le gouvernement.
Il voulait que le vœu du peuple fût seul écouté ?

Les vues de l'un sont aussi coupables que celles de
l'autre, il y a de leur part crimes d'attentat et de complot, les *débats l'ont suffisamment prouvé*. Rosset n'a-t-il
pas dit à quelqu'un, qu'il pensait que Perenon avait
fait la proclamation, (quel argument!) (Et il oublie que ce
même Rosset qui n'était chargé que d'aller s'assurer
de la personne du préfet avait convoité ses fonctions,
et n'est-ce pas ce même Rosset qui a eu l'audace d'a-
vancer faussement dans un pamphlet, que j'étais allé
trouver M. Dumolard avant de partir pour la Suisse,
fait dont j'ai donné avec évidence au tribunal le démenti
le plus formel, et que je donnerais aussi au lâche Rosset, quand il le voudra.) Mais suivons le modeste Capin :
Nous avons à regretter l'absence d'un témoin, auquel
le prévenu a lui-même fait l'aveu de ce fait. »

Perenon. — C'est faux, c'est une indigne calomnie,
produisez le témoin ? Et en voyant invoquer contre moi
de pareilles preuves, j'éprouvais en ce moment une
violente indignation que ne put retenir mon défenseur.

Après quelques paroles géminées au hasard , M. Capin trouve son faisceau de preuves assez serré , il conclut de là, que je suis agent carliste, etc.

Me Bayle défenseur des accusés obtient une suspension d'audience qui est reprise à 6 heures, M. l'avocat défenseur se lève : « Messieurs, la loi en ordonnant que les débats seraient publics et oraux , nous a donné un grand enseignement : elle a voulu que l'opinion des juges se formât sur l'impression des débats.

« Ce vœu de la loi est également respectable pour les jurés, pour la défense et pour l'accusation. Nul de vous n'a oublié les débats de la même affaire en juin dernier : elle avait alors un caractère plus grave qu'aujourd'hui... Et pourtant la défense *n'eut pas besoin, comme aujourd'hui, de quitter le banc pour aller se reposer un instant des violences de l'accusation ;* les accusés furent acquittés. Aujourd'hui, assurément avec moins de bonheur que le magistrat éclairé qui portait alors la parole, on croit trouver dans les faits qui se sont succédés, des preuves d'attentat et de complot. — Pourquoi cette différence, ne serait-ce pas parce que l'on n'aurait consulté que les débats de l'audience.... (le bon M. Capin comptait seul à l'avance sur les entrainans effets de sa brillante et favorite composition littéraire !)

« Abordons les faits, la politique n'a été pour rien dans les événemens de Lyon. C'est la misère, c'est la faim qui les ont produits, et on pouvait les prévoir depuis long-temps. Plus d'un écrivain patriote les avait annoncés et avait sollicité les secours des riches pour les prévenir. On avait fait trop peu de cas de ces avertissemens. Il faut pourtant aujourd'hui comme alors , et il faudra plus tard comme aujourd'hui, ouvrir ses mains pour donner du pain au peuple ; il faut venir au secours des prolétaires qui meurent de faim.

Le préfet avait pris un arrêté : je ne veux point examiner sa légalité, ni faire ici de doctrines en matière d'économie politique : je constate ici des faits. Le tarif qui fixait les prix du travail était *pour les ouvriers leur véritable charte.* Les fabricans la déchirèrent, la guerre civile s'alluma. Telle est la cause de tout le mal, il ne faut pas la chercher plus loin, et c'est bien mal servir le gouvernement, que de mettre de la politique partout., que de prodiguer ainsi des idées brûlantes qui n'auraient pas besoin d'être excitées par le temps qui court, que de présenter aux jurés, des passions bien peu compatibles avec la religieuse attention qui est leur premier devoir. L'histoire est difficile à écrire, mais si pourtant on fouille les documens des journées de novembre, on y apprend quels sont ceux qui ont attaqué et quels sont ceux qui n'ont fait que se défendre. Ici Me Bayle lit la déposition du préfet Dumolard, qui est en faveur des ouvriers et des accusés par conséquent, puis il retrace rapidement les journées meurtrières de Lyon, le préfet et le général dans les mains de la population et généreusement relachés par elle sans autre condition que l'exécution du tarif. Et ce Lacombe qui retourne au combat, quand l'autorité a violé sa promesse. « C'est l'homme à tout, et qui donnait tous les ordres, et les signait, tout en servant secrètement l'autorité dont il était l'homme, il fait faire une proclamation et l'on accuse ceux qui l'entourent, et qui lui disent de ne pas quitter son poste. » On ne pouvait s'adresser qu'à lui, parce que le sang pouvait élever une barrière entre ceux qui l'avaient perdu, et ceux qui n'avaient pas su en prévenir l'effusion. Perenon, ne fait que porter celle qu'on incrimine, par ordre (et sous bande) de l'Etat-Major de l'Hôtel-de-Ville, qui le fait accompagner de quatre fusiliers, apparemment pour qu'il ne la perde pas. Un monsieur qu'on nomme Marmin, dit-on, est chargé par un écrit de Lacombe de rapporter l'impression, c'est un fait, Lacombe a beau le nier aujourd'hui sous le nom d'erreur, il en est trop convaincu, il y avait trop de témoins alors. Mais devenu l'homme des autorités qu'il vient lui-même de blâmer ici de n'avoir point revêtu d'insignes. Il est de fait, qu'ils se refoulent et se cachent tous alors dans un petit cabinet retiré d'où on ne les voit plus sortir, (si toutefois elles y étaient.) Après avoir réduit les autres charges et les ridicules *on dit* de police qu'un sieur Prat est venu révéler à l'audience, au sujet des cocardes arc-en-ciel, et les inductions qu'on voudrait tirer de ce que dirait s'il était ici un témoin contredit qui a refusé de se présenter, etc. « J'ai rempli ma tâche, s'écrie Me Bayle, car que pouvais-je répondre à ces dernières paroles de l'avocat général, que la ville de Lyon, que la France entière demandent compte à Dervieux et à Perenon du sang qui a coulé en novembre 1831. — A cela je n'ai rien à dire sinon que ces paroles ont produit en moi une douloureuse surprise.

« N'excitons pas les partis, Messieurs, ne faisons
« point naître leur colère. Si l'ennemi frappait à nos
« portes, *les hommes dont on* DEMANDE LES TÊTES se-
« raient peut-être ceux-là mêmes sur le courage des-
« quels on devrait le plus compter. »

« (A peine Mᵉ Bayle a-t-il terminé, que des applaudissemens universels éclatent dans toutes les parties de
la salle, et ne cèdent qu'aux avertissemens de M. le président, que toutes marques d'approbation ou d'impro-
bation sont défendues.)

« Au moment où M. Capin se lève pour répliquer,
M. Perenon prend la parole et lit avec le plus grand feu
une défense en vers alexandrins. — M. le président
l'exhorte plusieurs fois à l'abréger. Il parvient pourtant, à force de volubilité, à achever sa lecture qui est
suivie d'applaudissemens. »

Dès qu'il a fini, M. Capin reprend la parole, et après
s'être apitoyé sur les rigueurs des devoirs de la magis-
trature et sur les chagrins dont on abreuve le ministère
public, qu'on accuse de faiblesse ou de lâcheté s'il est
indulgent; de rigueur et de cruauté, s'il n'est que juste;
*tandis que la défense recueille une ample moisson d'ap-
plaudissemens*; il s'indigne qu'on veuille bannir la politique d'une cause toute politique. Nous n'avons pu, dit
M. le rédacteur du *Patriote du Puy-de-Dôme*, nous
n'avons pu suivre M. Capin dans le flot roulant d'excla-
mations auxquelles il s'est livré à cette occasion, d'une
voix plus retentissante encore que la 1ʳᵉ fois; c'était
sans doute le cri d'agonie du désespoir de n'avoir pu
convaincre personne.

Nous conviendrons toutefois, (a-t-il dit dans un remords tardif), que notre opinion s'est modifiée depuis
tout-à-l'heure. Avant la plaidoierie en vers de M. Perenon, nous l'accusions ; nous n'en avons *plus le courage*
actuellement, parce que pour *combattre un adversaire*.
nous voulons *trouver* en lui des *moyens* de défense ; il
faut qu'il ait le libre arbitre de ses facultés pour nous
répondre.

M. Perenon réplique avec force : *c'est une nouvelle
indignité !*

Ici, je ne sais de quoi mes lecteurs s'indigneront da-
vantage, ou de voir traduire un fou devant une cour
d'Assises après l'avoir traîné illégalement cent jours, de
cachots en cachots, et d'invoquer contre lui la peine

capitale, ou bien de traduire ainsi un innocent, puisque malgré le grossier manque d'égards d'un M. Capin, on n'a pu le convaincre de crime ; et, au moment même où la défense de l'accusé est plusieurs fois interrompue, bien qu'elle soit sacrée, bien que cette lecture vigoureuse n'ait pas duré un quart-d'heure, et retraçait la mort de son frère assassiné, le danger qu'il a couru lui-même dans les flammes de Bellecour, et les souffrances qu'il a éprouvées dans son infortune. Une chose, surtout, faisait mal ; c'était la volubilité haletante à laquelle on condamnait l'accusé en le pressant de continuelles interruptions. Plusieurs vers que nous aurions voulu retenir, ont frappé nos oreilles. Par exemple, celui-ci :

L'égoïsme du riche a produit nos trois jours.

M. Capin poursuit : Quant à Dervieux, il nous est impossible de ne pas voir en lui un conspirateur. Messieurs, que le premier arrêt d'acquittement n'exerce sur vous aucune influence. Les jurés n'ont point d'autres règles que leur conviction. Ce ne serait pas la première fois qu'on verrait dans une affaire, les plus grands coupables absous et ceux qui le sont moins, condamnés : le défenseur ne nous démentira pas sur ce point.. D'ailleurs, nous pouvons puiser dans les nouvelles lois, elles auront plus de latitude, mais un grand châtiment exemplaire, ici devient urgent.... Si l'on s'appliquait à rechercher les causes de l'acquittement du mois de juin, peut-être en trouverait-on, qui devraient provoquer aujourd'hui toute notre sévérité. Nous n'ajouterons qu'un mot, c'est qu'en ce moment, MM. les jurés, (26 novembre 1832), il existe à Lyon, des êtres assez éhontés pour spéculer sur l'acquittement qu'ils attendent de votre part, et pour préparer de nouveaux complots et de nouvelles révoltes ·

Ces *dernières paroles, inouies peut-être jusqu'ici au Palais* ont excité chez toutes les personnes que nous avons vues, un profond sentiment d'indignation.

Nous ne pouvons que retracer très-imparfaitement la réplique digne et calme du célèbre improvisateur Mᶜ Bayle.

« Dans ma longue carrière, je crois avoir prouvé que je ne cherche point la faveur, comme on l'a donné à entendre, que je ne prends pas à tâche de faire naître des émotions passionnées, mais précisément parce que je n'exprime que les pensées d'une conviction profonde, j'ai besoin d'acquérir la certitude des faits pour les affirmer : je crois difficilement aux complots. Ce que d'autres prennent pour des machinations, moi je le prends souvent pour l'expression fidèle de la souffrance et du malaise.

« Je vois, moi, le progrès des institutions de mon pays s'échelonnant sur les glorieuses conquêtes de la raison publique. — A ceux qui parlent trop haut je ne jette pas ces mots comme une injure : « Vous n'êtes que des républicains ! » à ceux qui donnent un regard au passé : » Vous êtes des carlistes ! » Je montre aux uns et aux autres les emblêmes sacrés de nos gloires nationales, le sol de la patrie en présence des menaces de l'étranger : à l'intérieur, l'humanité qui demande du pain à l'humanité qui lui en refuse, la souffrance de ceux qui végètent, la dureté de ceux qui se servent des hommes comme ils se servent des machines. Que chaque père de famille, leur dis-je, soit assuré de trouver chaque jour la subsistance de ses enfans, sans quoi la société est sur un gouffre.

« J'ai lu toute l'instruction avec le plus sérieux examen : je la connaissais hier comme aujourd'hui : je le répète il n'y a pas eu de politique dans cette affaire.

« On n'a pas craint de vous dire, messieurs, je ne rechercherai pas dans quel but, que des factieux ont les yeux sur vous, (j'ai écrit les mots pour ne point m'en rapporter à ma mémoire) : on n'a pas craint de vous dire qu'il y a à Lyon des hommes assez éhontés pour spéculer sur l'acquittement qu'ils attendent de votre part et pour préparer de nouveaux complots et de nouvelles révoltes. — D'où sait-on cela ? Qui vous l'a dit ? — La police de Lyon vient à peine de quitter cette enceinte : Aurait-elle *donc encore là voulu marquer sa trace !* serait-ce avec des *rapports* de *mouchards* qu'on essaierait de déshonorer une grande cité aux yeux de la nôtre ? Pour moi, je ne crois pas à ces hommes éhontés dont on vous parle, et je vous engage à fermer l'oreille à de pareils bruits jusqu'à ce qu'on vous en ait fourni les preuves. »

(Marques d'approbation dans l'auditoire.)

M. Capin ne répond rien, rien. — Les débats sont fermés.

M. le président résume l'affaire d'une manière impartiale ; le jury entre dàns la salle de ses délibérations à neuf heures moins un quart, y reste à peine cinq minutes et répond sur toutes les questions : « *Non les accusés ne sont pas coupables.* » (Ces questions étaient celles d'attentat et de complot.) Le président ordonne la mise en liberté des accusés.

Des marques de la plus vive approbation se font entendre dans tout l'auditoire et éclatent surtout dès que les magistrats ont quitté leurs siéges.

Extrait fidèle du n° 47 du mercredi 28 novembre du Patriote du Puy-de-Dôme:

Comme on a tant parlé de cette fameuse proclamation, et qu'on l'a reproduite aux débats de cette cause célèbre, liée naturellement à nos annales. Je ne l'aurais pas rappelée aux méditations des personnes impartiales qui la connaissent, mais, puisqu'il est des gens qui la critiquent ou la dénaturent sans la connaître assez, selon l'impression plus ou moins passionnée qui leur a été communiquée, je la cite, la voici:

LYONNAIS ! Des magistrats perfides ont perdu de fait leurs droits à la confiance publique ; une barrière de cadavres s'élève entr'eux et nous, tout arrangement devient donc impossible. Lyon glorieusement émancipé par ses enfans, doit avoir des magistrats de son choix, des magistrats dont l'habit ne sera pas souillé du sang de leurs frères !

Nos défenseurs nommeront des syndics définitifs pour présider avec toutes les corporations respectives à la représentation de la ville et du département du Rhône.

Lyon aura ses comices ou assemblées primaires.

Les besoins et les vœux du peuple provincial seront enfin entendus et une nouvelle garde citoyenne sera organisée....

Plus de charlatanisme ministériel pour nous en imposer.

Soldats vous avez été égarés ; venez à nous, vos blessés vous diront si nous sommes vos frères.

Gardes nationaux, des ordres donnés par des hommes perfides et intéressés ont compromis votre habit ; vos cœurs doivent être français, réunissez-vous à nous pour maintenir l'ordre.

Nous sommes sûrs qu'au premier rappel, chacun de vous sera fier *de se réunir sur les places d'armes respectives.*

Tous les bons citoyens s'empresseront de rétablir la confiance en rouvrant leurs magasins.

L'arc en ciel de la vraie liberté brille depuis ce matin sur notre ville ; que son éclat ne soit pas obscurci !

Vive la vraie liberté !

Lyon, le 25 novembre 1831.

Pour la commission des ouvriers, etc. Suivent les signatures, objets de vifs débats contre Lacombe, lâche dénégataire de la sienne, par les coacusés politiques.

Voici les noms des jurés qui ont prononcé le verdict d'acquittement, MM. Burin des Roziers, Lapeyre, Duport, Guillemot, George, notaire, Goy, Thorent, Rochefort, Cassier, Sénectaire, Tartiaire, Sanitas; ils ont droit à notre juste reconnaissance.